Si yo fuera un gato...

Silveyra, Carlos
Si yo fuera un gato... / Carlos Silveyra ; il. Sonia Esplugas.
– México : Ediciones SM, 2009
43 p. : il. ; 19 x 12 cm. – (El barco de vapor. Blanca ; 30)

ISBN : 978-607-471-038-0

1. Cuentos argentinos. 2. Imaginación – Cuentos infantiles.
I. Esplugas, Sonia, il. II. t. III. Ser.

Dewey A863 S45

Dirección editorial: Doris Arroba Jácome
Coordinación editorial: Laura Lecuona
Ilustraciones: Sonia Esplugas

Av. Belgrano 552
C1092AAS Ciudad de Buenos Aires

Primera edición en México, 2009

Magdalena 211, Colonia del Valle
03100, México, D.F.
Tel.: (55) 1087 8400
www.ediciones-sm.com.mx

ISBN 978-607-471-038-0
ISBN 978-968-7791-76-0 de la colección El Barco de Vapor

Miembro de la Cámara Nacional de la Industria Editorial Mexicana
Registro número 2830

Impreso en México / *Printed in Mexico*

Si yo fuera un gato...

Carlos Silveyra

Ilustraciones de Sonia Esplugas

Para Ariel, mi sol de otoño

Si en vez de llamarme Juan
y ser un niño,

me llamara Michi y fuera un gato,

no me tendría que lavar
ni cortar las uñas,

ni soportar que me limpien las orejas.

Dormiría a cualquier hora,
cuando tuviera sueño,
sin cepillarme antes los dientes.

Y soñaría con largos conciertos en el tejado; con un tronco oloroso donde clavar las uñas; y con enormes y sabrosos pescados pezcolientos.

Comería hasta que
se me acabara el hambre,
y a nadie le importaría nada nada
que quedara
un poco de comida en el plato.

No tendría que ir al cumple
de ninguna vecina vestida de rosa,
con estrellas y brillitos;

3

ni me preguntarían todo el tiempo:
"¿Qué vas a ser cuando seas grande?",
porque todos saben de memoria
que los gatos, cuando crecen,
son sólo gatos grandes.

Si fuera el gato Michi
no debería ordenar nada;
nadie me molestaría
con eso de "¡Métete la camiseta
adentro del pantalón, ¿quieres?!"

Y podría caminar por las ramas
más altas de los árboles,
o por las cornisas, de lo más campante,
sin que nadie me gritara a cada rato:
"¡Te vas a matar...!"

Me salvaría de limpiarme los mocos
con esos horribles pañuelos que raspan,
y me harían mimos
detrás de las orejas
sólo cuando yo quisiera.

Eso sí: no podría andar en bici,

ni completar mi álbum de estampitas;

no podría hacer globos globosos
con mi chicle súper súper,

ni me traerían libros para iluminar cuando estuviera enfermo.

Si yo fuera un gato,
seguro que me pondrían nubes de talco de olor horrible,
o ese asqueroso líquido helado en el cuello para ahuyentar a las inocentes pulguitas, que son tan buenas que me enseñan a tocar la guitarra.

No podría soplar las velitas en mi cumple, ni ponerme la corona dorada de Rey de los Cumpleaños,
ni jugar a la pelota
en la plaza con mis amigos.

Si yo fuera un gato,
me iría todas las noches
por todos los techos,
y le maullaría a la luna
ensayando para ir a la tele.
Y un día, seguro…
en el patio de la vecina…

¡me toparía con Sultán,
que no deja entrar al patio
ni a las moscas!

Entonces volvería volando
a ser Juan, un niño.
Me metería en la cama, calientito,
para que me leyeran un cuento de gatos
como éste,

y después dormirme y soñar;
soñar con un terrible partido
con mis amigos,
soñar un sueño es-pec-ta-cu-lar,
donde yo metía el gol para ganar,
y mi papá aplaudía como loco
y gritaba "¡Bravo! ¡Bravo, Juan!"

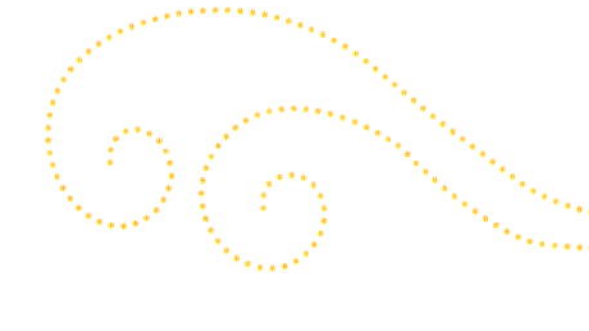

Quizá estás familiarizado con el cuento de los tres cerditos que se enfrentan al lobo feroz. La historia del papá de los tres cochinitos es menos conocida, pero mucho más original. Como su célebre descendencia, este cerdo es práctico, honrado y trabajador, y además le gusta la filosofía. Eso sí, habitar en el mundo de las ideas no le impide salir al mundo real a defender a sus hijos del malvado (pero sonriente) lobo, cueste lo que cueste.

Lorenzo Orejas, un simpático conejo de peluche, descubre el mundo que yace bajo la ciudad, un sitio donde los peluches perdidos se reúnen y hacen amigos. A algunos de ellos no les interesa regresar a casa, pero Lorenzo extraña a Natalia, su antigua dueña. ¿Encontrará alguna manera para volver con ella?

Si yo fuera un gato
se terminó de imprimir en febrero de 2009
en Ediciones Corunda, S. A. de C. V., calle del Panteón núm. 209,
bodega 3, col. Los Reyes Coyoacán, c. p. 04330, México, D. F.
En su composición se emplearon los tipos
Augereau regular e italic.